秒速で解ける！
マインクラフトで学ぶ魔法の2ケタ計算術

講師・タカタ先生

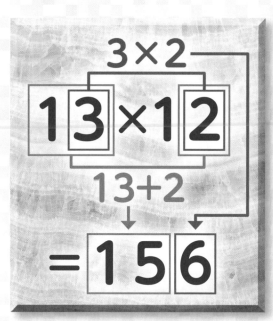

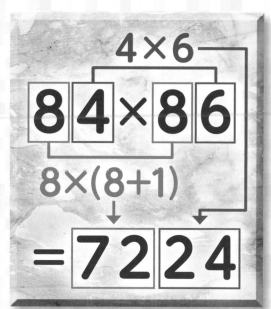

本書で紹介している内容は、統合版（Nintendo Switch等）、Java版に対応しています。ブロックやアイテム名の表記は、2025年3月30日現在の情報を基に、統合版に合わせていますが、画面写真は基本的にJava版のものです。また、バージョンアップなどの仕様変更により、内容の一部が対応されなくなる場合があることをあらかじめご了承ください。

本書は、マインクラフトの公式書籍ではありません。マインクラフトのメーカーであるMicrosoft社、Mojang社への刊行許可申請は行っておりませんが、Microsoft社、Mojang社は本書の内容に関して、一切の責任はありません。Microsoft社、Mojang社に、心から謝意を表します。

扶桑社

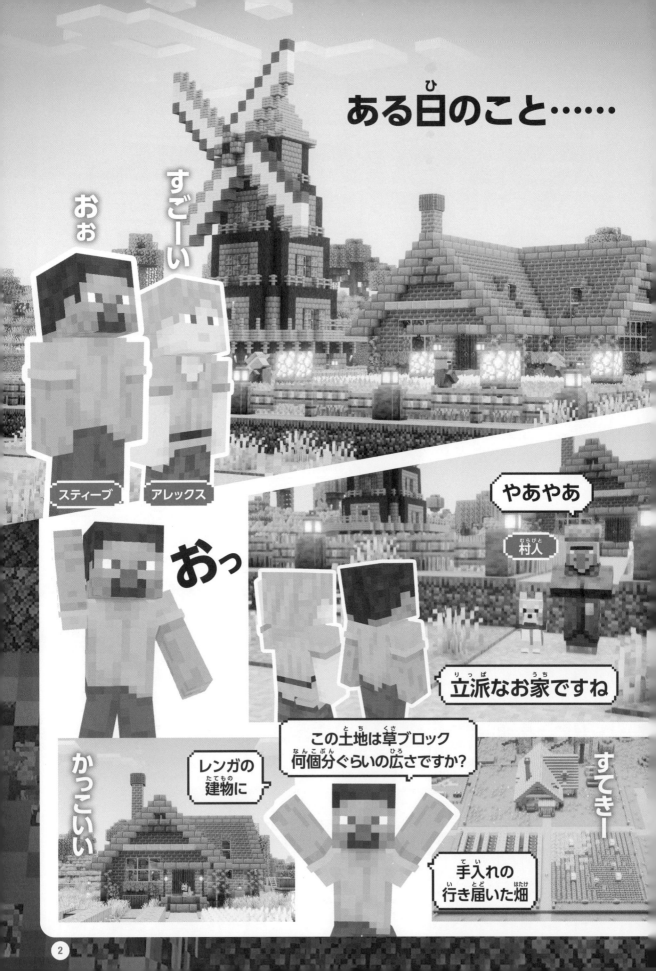

マイクラでは、建築物やアイテムを作るのに、素材がいくつ必要なのか計算する必要があるよね。でも、この魔法の計算術をマスターすれば、あっという間に計算ができるの!

建築にあとどれだけブロックが必要かすぐ計算できる!

手持ちのエメラルドで何回取引ができるかすぐ計算できる!

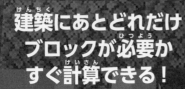

ふむふむ わかるわかる

目的地までの距離を座標からすぐ計算できる!

> それにね、ゲームの世界以外でもいいことずくめ！

算数が得意になる

テストで100点が取れる

みんなに自慢できる

頭がよくなる

> ね、すごいでしょ？じゃあ、この魔法の計算術、これから、みんなにこっそり教えちゃうね♪

受験に有利かも

パチパチパチパチ

秒速で解ける！
マインクラフトで学ぶ魔法の2ケタ計算術

講師・タカタ先生

もくじ

第一章 基本のたし算

- 魔法の計算術❶ 2ケタのたし算・・・ 10
- 魔法の計算術❷ 3ケタのたし算・・・ 14
- マイクラを攻略 ダイヤモンドを短時間で大量に採掘する方法・・・ 18

第二章 基本のひき算

- 魔法の計算術❶ 2ケタのひき算・・・ 20
- 魔法の計算術❷ 3ケタのひき算・・・ 24
- スゴ技 1000から一の位が0でない数をひくときのひき算・・・ 28
- マイクラを攻略 村人との取引で効率よくエメラルドを稼ごう・・・ 30

第三章 基本のかけ算

- 魔法の計算術❶ 19×19までの2ケタかけ算・・・32
- 魔法の計算術❷ 99×99までの2ケタかけ算・・・40
- マイクラを攻略 かまどの燃料で一番効率がいいものはどれ？・・・52

第四章 応用のかけ算

- 魔法の計算術❶ 一の位が小さいときの2ケタかけ算・・・54
- スゴ技 11をかけるときの2ケタかけ算・・・58
- 魔法の計算術❷ 一の位が大きいときの2ケタかけ算・・・60
- 魔法の計算術❸ 偶数と一の位が5の数をかけるときの2ケタかけ算・・・64
- スゴ技 4の倍数と25をかけるときの2ケタかけ算・・・68
- 魔法の計算術❹ 十の位が「奇数と奇数」または「偶数と偶数」で一の位が5のときの2ケタかけ算・・・70
- 魔法の計算術❺ 十の位が同じで一の位がたして10になるときの2ケタかけ算・・・74
- 魔法の計算術❻ 一の位が同じで十の位がたして10になるときの2ケタかけ算・・・78
- 魔法の計算術❼ 2つの数のまん中の数がキリのいい数になるときの2ケタかけ算・・・82
- 魔法の計算術❽ 2つの数が100に近いときの2ケタかけ算・・・86

答え・・・90

タカタ先生から

― この本を読む前に ―

マイクラも算数も大活躍まちがいなし

　どうも～！ 魔法の計算術・講師のタカタ先生だよ～ん！ 普段は、TV・ラジオ・YouTube・オンライン授業・リアルイベント、そして本を通じて、算数や計算の楽しさを全国のみんなに届けているよ！ 算数が"不安"なキミを、算数"ファン"に変えちゃう魔法使いなのさ！ さてさて、この本『秒速で解ける！マインクラフトで学ぶ魔法の2ケタ計算術』では、大人気ゲーム「マインクラフト」のキャラクターたちと一緒に、2ケタのたし算・ひき算・かけ算を、遊びながら楽しく学んでいくよ！

　でもね、今回みんなに伝授するのは、学校の筆算とはちょっとちがう"魔法の2ケタ計算術"なんだ！ ふつうなら筆算を使ってかなり時間がかかっちゃうめんどくさい問題も、なんとこの計算術なら暗算でできちゃうぞ！ さらに、「なんでそんな計算方法がうまくいくの？」というギモンも、ブロックを並べたり動かしたりしながら、まるでマイクラで遊んでいるような感覚で、ばっちり解説していくよ！

　きっとこの本を手に取ったみんなの中にも、「マイクラが大好き！」って人がいるよね？ 建築に必要なブロックの数、アイテムを作るのに必要な素材の量、村人との取引に必要なエメラルドの数…実はマイクラの世界では、計算力がすごく重要！ この"魔法の計算術"を身につければ、マイクラの世界でも算数のテストでも、大活躍まちがいなし！

　＋(たし)かな指導力で、キミの計算力を－(ひき)上げる！ タカタ先生との出会いがきっ×(かけ)で、キミの計算力は大きく変÷(わる)よ！ それでは授業をはじめます！

さぁ、みんな準備はいいかな？

第一章
基本のたし算

たし算は、すべての計算の基本だよ。
一の位が0になるキリのいい数にして計算すると、
あっという間に答えが出るよ。
この本は2ケタの計算術を紹介している本だけど、
この計算術を使うと、3ケタまでのたし算なら、
誰でもかんたんに計算できるようになるよ！

魔法の計算術① キリのいい数にして計算しよう
2ケタのたし算

一の位にくり上がりのある計算式は、一の位が0になるキリのいい数にしてから、計算しよう！

次の問題をやってみよう

$$19 + 38 = ?$$

解き方

ステップ① どちらかの数をキリのいい数にする

19に1をたす

$$\boxed{19} + 38 = \boxed{}$$

$$19 + \boxed{1} = \boxed{20}$$

19に1をたして、一の位が0になるキリのいい数にしよう。
19に1をたすから、20になるね。

覚えておこう　どっちの数をキリのいい数にしてもOK。38を40（38＋2）にして、19を17（19－2）にしてもいいんだよ。ただ、「（どっちかの数に）たしたら、（もう一方の数から）同じ数をひく」ことを忘れないでね。

ステップ ② もう一方の数から同じ数をひく

38から、19にたした数1をひく

19 + 38 = ☐

↓　　↓
20　　38 − 1 = 37

もう一方の数38から、19にたした同じ数1をひこう。
38から1をひくから、37になるね。

ステップ ③ ステップ①の数とステップ②の数をたす

19 + 38 = 57
↓　　↓　　↑
20　+　37

19に1をたした数20と、38から1をひいた数37をたすから、答えは57。
一の位の計算をしなくていいから、かんたんに計算できるね。

💡 どうしてそうなるのか

「19＋38」は、どうして「20＋37」になるのか

図のように、19と38をたした合計は変わらないから、19に1をたすと、38は1少なくなるよ。つまり、どちらかの数がふえると、もう一方の数はへってしまうんだね。

たしたらひくがルールだよ

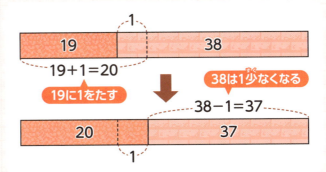

19 ─┊ 1 ┊─ 38
19 + 1 = 20
19に1をたす
↓
38は1少なくなる
38 − 1 = 37
20 ─┊ 1 ┊─ 37

第一章 基本のたし算

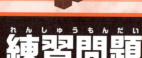

練習問題

問題①→問題③の順に練習問題を解いてみよう。計算方法に慣れてしまえば、頭の中でも計算できるようになるよ。

答えは90ページ

問題 ①　□にあてはまる数を入れて次の計算をしよう

① 18 + 37 = □
　18+□　37−□
　　□ + □

② 29 + 34 = □
　29+□　34−□
　　□ + □

③ 38 + 62 = □
　38+□　62−□
　　□ + □

④ 69 + 65 = □
　69+□　65−□
　　□ + □

⑤ 36 + 17 = □
　36+□　17−□
　　□ + □

⑥ 88 + 89 = □
　88+□　89−□
　　□ + □

⑦ 74 + 66 = □
　74−□　66+□
　　□ + □

⑧ 95 + 88 = □
　95+□　88−□
　　□ + □

問題 ② □にあてはまる数を入れて次の計算をしよう

① 67 + 28 = ☐
   ☐ + ☐

② 38 + 23 = ☐
   ☐ + ☐

③ 78 + 39 = ☐
   ☐ + ☐

④ 69 + 93 = ☐
   ☐ + ☐

⑤ 32 + 79 = ☐
   ☐ + ☐

⑥ 88 + 99 = ☐
   ☐ + ☐

問題 ③ 次の計算をしよう

① 59 + 28 = ☐

② 88 + 74 = ☐

③ 54 + 89 = ☐

④ 93 + 78 = ☐

⑤ 87 + 56 = ☐

⑥ 65 + 58 = ☐

⑦ 94 + 99 = ☐

⑧ 77 + 78 = ☐

すっごくかんたんだね〜

第一章 基本のたし算

魔法の計算術 ②

2ケタと1ケタに分けて計算しよう

3ケタのたし算

3ケタの計算は、2ケタと1ケタに分けて計算しよう。
筆算式を書かなくても、かんたんに計算ができちゃうぞ！

次の問題をやってみよう

$$678 + 789 = ?$$

解き方

ステップ ① 一の位と十の位をたす

くり上がる数を書いておく

$$678 + 789 = \boxed{1}\,67$$

$$78 + 89 = 167$$

くり上がりがあっても、下2ケタを書く

「78＋89」はキリのいい数にして計算すると「80＋87」になるから、すぐに167って出るよね。くり上がる数字1は、答えの十の位の上に小さく書いておこう。

覚えておこう たし算のくり上がりは、必ず1になるよ。

ステップ②　百の位どうしをたす

678 + 789 = □□67　1

6 + 7 = 13

百の位どうしをたすと「6+7」で13になるね。
ステップ①でくり上がりがない場合は、これを67のとなりに書けば答えになるよ。

ステップ③　くり上がりがあるときは1をたす

678 + 789 = 1467　1

13 + 1 = 14

ステップ①でくり上がりがある場合は、1をたそう。「13+1」で14になるね。
これを67のとなりに書いて、1467が答えになるよ。

🎓 もっと学ぼう

4ケタの計算は、2ケタと2ケタに分けて計算できる

4ケタの計算も3ケタの計算とやり方は同じ。2ケタと2ケタに分ければ、かんたんに計算できるよ。

12 + 23 = 35　　35 + 1

1278 + 2389 = 3667　1

78 + 89 = 167

2ケタ計算ができれば
かんたんだね

第一章 基本のたし算

練習問題

問題①→問題③の順に練習問題を解いてみよう。計算方法に慣れてしまえば、頭の中でも計算できるようになるよ。

答えは90ページ

問題 ① □にあてはまる数を入れて次の計算をしよう

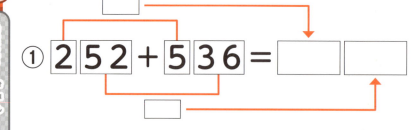

① 252 + 536 =

② 538 + 899 =
※1をたす
※下2ケタを書く
※くり上がりあり

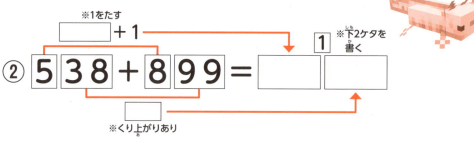

③ 3745 + 1525 =

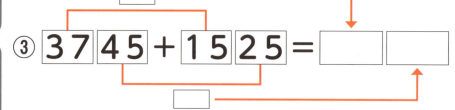

④ 5623 + 2387 =
※1をたす
※下2ケタを書く
※くり上がりあり

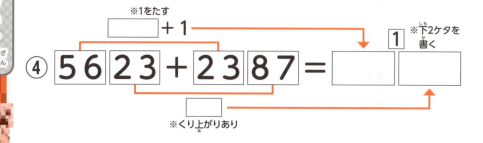

問題 ② □にあてはまる数を入れて次の計算をしよう

① 4 21 + 8 58 = □ □

② 7 93 + 1 07 = □ □ □
※くり上がりあり

③ 3 54 + 8 32 = □ □

④ 8 88 + 7 77 = □ □ □
※くり上がりあり

⑤ 11 38 + 58 61 = □ □

⑥ 43 95 + 39 58 = □ □ □
※くり上がりあり

問題 ③ 次の計算をしよう

① 834 + 561 = □

② 278 + 214 = □

③ 542 + 657 = □

④ 394 + 397 = □

⑤ 4357 + 3425 = □

⑥ 3215 + 4898 = □

⑦ 4886 + 3217 = □

⑧ 6352 + 3249 = □

メモをしながら解いてみよう

17

ダイヤモンドを短時間で大量に採掘する方法

石炭や鉄、金、ダイヤモンドなどの鉱石を効率よく採掘するには、「ブランチマイニング」と呼ばれる方法で採掘するのが定番だ。ブランチマイニングとは、高さ2ブロック分の横穴を3ブロック間隔で掘っていく採掘方法のこと。

ダイヤモンド狙いなら高さY＝-54の位置にブランチマイニング場を作っておき、幸運Ⅲや修繕Ⅰなどのエンチャントを付けたツルハシを用意して採掘していこう。これなら短時間で大量のダイヤモンドをゲットできるはずだぞ。

ブランチマイニングで効率よく採掘しよう

高さ2ブロック分の横穴を3ブロック間隔で掘っていくのがブランチマイニングの基本。この方法がもっとも効率よく鉱石を採掘できるのだ。右の表を参考に狙った鉱石が出やすい高さでやってみよう。

ブランチマイニングにオススメの高さ

高さ	採掘しやすい鉱石
Y座標＝15	鉄の原石
Y座標＝-54	ダイヤモンド

鉄の原石をメインに狙うなら高さ15、ダイヤモンドをメインに狙うなら高さ-54でブランチマイニングするのがいい。もちろん、メインの鉱石以外にも石炭や金、ラピスラズリなども採掘できるぞ。

ツルハシにオススメのエンチャントは？

ブランチマイニングに使うツルハシは、ダイヤモンド以上を使い、エンチャントは効率強化Ⅴ、耐久力Ⅲ、修繕Ⅰ、幸運Ⅲを付ければ完璧だ。幸運のエンチャントによって鉱石の回収率もグンと上がるぞ。

マイクラの世界で計算してみよう！

キミはダイヤモンドを1スタック分（64個）もっていた。そのあと、地下をブランチマイニングで採掘してダイヤモンドを28個集めることができた。さて、キミがもっているダイヤモンドは全部でいくつになるかな？

64個＋28個のダイヤモンド

もっていた ダイヤモンドの数	採掘したダイヤ モンドの数	全部のダイヤ モンドの数

64 ＋ 28 ＝ ☐☐

※答えは本ページ右下にあるよ

アイテム数の計算も暗算でしてみよう！

第二章 基本のひき算

くり下がりのあるひき算は、計算がめんどくさいよね。
だったら、たし算のときと同じように、
キリのいい数にして計算しちゃおう。
かんたんなひき算にすれば、ミスもなくなるはず。
この計算術を使うと、3ケタまでのひき算なら、
誰でもかんたんに計算できるようになるよ！

魔法の計算術① キリのいい数にして計算しよう
2ケタのひき算

十の位にくり下がりのある計算式は、一の位が0になるキリのいい数にしてから計算しよう！

次の問題をやってみよう

$$97 - 18 = ?$$

解き方

ステップ① ひく数をキリのいい数にする

18に2をたす

$$97 - 18 = \boxed{}$$

$$18 + 2 = 20$$

18に2をたして、一の位が0になるキリのいい数にしよう。
18に2をたすから、20になるね。

覚えておこう どっちの数をキリのいい数にしてもOK。97を100(97+3)にして、18を21(18+3)にしてもいいんだよ。ただ、「(どっちかの数に)たしたら、(もう一方の数にも)同じ数をたす」ことを忘れないでね。

ステップ ② もう一方の数に同じ数をたす

97に18にたした数2をたす

97 − 18 = ☐☐

97 + 2 = 99　　20

もう一方の数97に、18にたした同じ数2をたそう。
97に2をたすから、99になるね。

ステップ ③ ステップ②の数からステップ①の数をひく

97 − 18 = 79

99 − 20

97に2をたした数99から、18に2をたした数20をひくから、答えは79。
一の位の計算をしなくていいから、かんたんに計算できるね。

💡 どうしてそうなるのか

「97−18」は、どうして「99−20」になるのか

図のように、両方の数に同じ数2をたしても、答えは変わらないよ。さらに言えば、同じ数をひいても、答えは変わらないんだよ。

「同じ数なら たしても ひいてもOK」

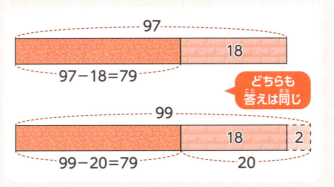

どちらも答えは同じ

練習問題

問題①→問題③の順に練習問題を解いてみよう。計算方法に慣れてしまえば、頭の中でも計算できるようになるよ。

答えは91ページ

問題 ① □にあてはまる数を入れて次の計算をしよう

① 85 − 47 = □
　85 + □　47 + 3
　　□ − □

⑤ 67 − 28 = □
　67 + □　28 + 2
　　□ − □

② 62 − 34 = □
　62 + □　34 + 6
　　□ − □

⑥ 97 − 18 = □
　97 + □　18 + 2
　　□ − □

③ 65 − 47 = □
　65 + □　47 + 3
　　□ − □

⑦ 44 − 16 = □
　44 + □　16 + 4
　　□ − □

④ 82 − 64 = □
　82 + □　64 + 6
　　□ − □

⑧ 91 − 76 = □
　91 + □　76 + 4
　　□ − □

問題 ② □にあてはまる数を入れて次の計算をしよう

① 55 − 37 = ☐
　☐ − ☐

② 77 − 29 = ☐
　☐ − ☐

③ 98 − 29 = ☐
　☐ − ☐

④ 87 − 58 = ☐
　☐ − ☐

⑤ 97 − 68 = ☐
　☐ − ☐

⑥ 33 − 17 = ☐
　☐ − ☐

問題 ③ 次の計算をしよう

① 52 − 38 = ☐

② 73 − 49 = ☐

③ 96 − 29 = ☐

④ 45 − 27 = ☐

⑤ 92 − 63 = ☐

⑥ 35 − 19 = ☐

⑦ 94 − 55 = ☐

⑧ 84 − 46 = ☐

魔法の計算術② キリのいい数にして計算しよう
3ケタのひき算

百の位にくり下がりのある計算式は、一の位と十の位が0になるキリのいい数にしてから計算しよう！

次の問題をやってみよう

⬇

945 − 197 = ?

―― 解 き 方 ――

ステップ① ひく数をキリのいい数にする

【197に3をたす】

945 − **197** = ☐☐☐

197 + 3 = 200

197に3をたして、**一の位と十の位が0になる**キリのいい数にしよう。
197に3をたすから、200になるね。

覚えておこう

どっちの数をキリのいい数にしてもOK。945を1000（945+55）にして、197を252（197+55）にしてもいいんだよ。ただ、「（どっちかの数に）たしたら、（もう一方の数にも）同じ数をたす」ことを忘れないでほしいのと、3ケタ以上の場合は、ひく数をキリのいい数にした方が計算しやすいことが多いよ。

ステップ ② もう一方の数に同じ数をたす

945に197にたした数3をたす

945 − 197 = ☐

945 + 3 = 948   200

もう一方の数945に、197にたした同じ数3をたそう。
945に3をたすから、948になるね。

ステップ ③ ステップ②の数からステップ①の数をひく

945 − 197 = 748

948 − 200

945に3をたした数948から、197に3をたした数200をひくから、答えは748。
一の位と十の位の計算をしなくていいから、かんたんに計算できるね。

🎓 もっと学ぼう

4ケタの計算も、キリのいい数にして計算できる

4ケタの計算も3ケタの計算とやり方は同じ。ちょっとむずかしいけど、キリのいい数にすれば、筆算をしなくても計算できるよ。

4945 − 2197 = 2748

4948 − 2200
4945+3   2197+3

（キリのいい数にするための数のもとめ方は、28ページで紹介するよ！）

25

練習問題

問題①→問題③の順に練習問題を解いてみよう。計算方法に慣れてしまえば、頭の中でも計算できるようになるよ。

答えは91ページ

問題 ①　□にあてはまる数を入れて次の計算をしよう

① 923 − 837 = □

923 + □　　837 + 63

□　　□

② 768 − 589 = □

768 + □　　589 + 11

□　　□

③ 832 − 568 = □

832 + □　　568 + 32

□　　□

④ 3528 − 2679 = □

3528 + □　　2679 + 21

□ − □

問題 ② □にあてはまる数を入れて次の計算をしよう

① 717−179=□
　□−□

② 567−278=□
　□−□

③ 356−169=□
　□−□

④ 856−588=□
　□−□

⑤ 3915−1297=□
　□−□

⑥ 8725−6286=□
　□−□

問題 ③ 次の計算をしよう

① 943−197=□

② 856−289=□

③ 754−365=□

④ 678−489=□

⑤ 534−285=□

⑥ 5234−2998=□

⑦ 3214−1878=□

⑧ 9876−7989=□

キリのいい数でひけばかんたん

3ケタひき算 スゴ技

たして10になる数、たして9になる数をもとめる
1000から一の位が0でない数をひくときのひき算

1000から一の位が0ではない数をひくときは、位で分けて計算しよう！

次の問題をやってみよう

1000－536＝？

解き方

ステップ① たして10になる一の位の数をもとめる

たして10になる数

1000－53**6**＝□□**4**

6＋**4**

たして10になる数は4だから、**一の位は4になる**ね。

覚えておこう

たとえば、「1000－530」のように一の位が0の数をひく場合は、一の位はひけないから0、十の位はたして10になる数、百の位はたして9になる数をもとめればいいんだよ。

ステップ② たして9になる百の位と十の位の数をもとめる

たして9になる数

1000 − 5[3]6 = [ ][6]4

3 + 6

たして9になる数

1000 − [5]36 = [4]64

5 + 4

十の位のたして9になる数は6、百の位のたして9になる数は4。
一の位は4だったから、答えは464になるよ。

💡 どうしてそうなるのか

どうして一の位は「たして10になる数」、百の位と十の位は「たして9になる数」になるのか

ここで紹介したスゴ技のカラクリは、筆算式を思い浮かべるとよくわかるよ。一の位は0から6をひけないから「10−6」、十の位はくり下がっているから「9−3」、百の位もくり下がっているから「9−5」になるよね。だから、一の位は「たして10になる数」、百の位と十の位は「たして9になる数」になるんだよ。

100からひくときも、やり方は同じだよ。「たして10になる数、たして9になる数」って覚えよう。

9−5　9−3　10−6

```
  1000
−  536
──────
   464
```

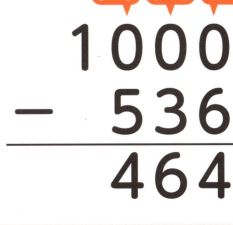

29

マイクラを攻略

村人との取引で効率よくエメラルドを稼ごう

村人との取引で必要になるエメラルドを効率よく稼ぐには、以下の表でまとめているアイテムを取引するのがオススメだ。村人の近くに職業ブロックを置いて就職させたら、必要なアイテムを用意してエメラルドに交換していこう。

ただし、何度も取引すると在庫切れしたり一時的に値段が上がったりするので注意。在庫切れしたときは朝と昼に補充されるので、しばらく時間をおこう。同じ職業の村人を複数用意しておけば、それだけ効率も上がるぞ。

エメラルドを稼ぎやすいおもな取引用アイテム

必要アイテム	販売アイテム	村人の職業	村人の必要レベル	職業ブロック	備考
棒×32	エメラルド×1	矢師	レベル1(新米)	矢細工台	板材があまっているならオススメ
粘土玉×10	エメラルド×1	石工	レベル1(新米)	石切台	粘土ブロックを壊して粘土玉を入手
小麦×20	エメラルド×1	農民	レベル1(新米)	コンポスター	作物の自動収穫装置ができれば大量生産しやすく、エメラルドもかなり稼ぎやすくなる
カボチャ×6	エメラルド×1		レベル2(見習い)		
スイカ×4	エメラルド×1		レベル3(一人前)		
石炭×10	エメラルド×1	釣り人	レベル1(新米)	樽	洞窟探検であまった石炭を使おう
ガラス板×11	エメラルド×1	製図家	レベル2(見習い)	製図台	砂が多い場所で有効な取引だ

この表は、エメラルドが稼ぎやすいおもな取引用アイテムをまとめたものだ。ゲームの序盤なら、「棒」や「粘土玉」、「石炭」などでエメラルドを稼いでいける。小麦やカボチャなどの作物系は自動収穫装置を作ってしまえば、安定して大量のエメラルドが稼げるぞ。

─ マイクラの世界で計算してみよう！ ─

キミは村人との取引でエメラルドを64個稼いだ。そのあと、取引でエメラルドを27個使い、エンチャントされたダイヤモンドのツルハシを入手したとする。さて、キミの手元には、あといくつエメラルドが残っているかな？

もっていた エメラルドの数	取引に必要な エメラルドの数	手元に残った エメラルドの数

64 － 27 ＝ ☐

※答えは本ページ右下にあるよ

取引の計算ぐらいならかんたんだね！

第三章 基本のかけ算

かけ算には、魔法のような計算術があるけど、どれもこれも条件つきで、万能じゃないんだ。そこで、どんな場合でも使える特別な計算術を「19×19」と「99×99」の2つに分けて紹介するよ。2ケタかけ算をマスターして、計算王になろう！

インドの九九は、この方法で暗算できる！

魔法の計算術① 19×19までの2ケタかけ算

やり方はとてもかんたん。何度も練習して慣れてくれば、頭のなかで計算できるようになるよ！

次の問題をやってみよう

13 × 14 = ?

解き方

ステップ① 一の位どうしをかける

くり上がる数字を書いておく → 1

1**3** × 1**4** = ☐ **2**

3 × 4 = 1**2**

くり上がりがあっても、下1ケタだけを書く

それぞれの一の位どうしをかけよう。13の一の位は3、14の一の位は4だから、「3×4」で12になるね。この下1ケタの数字2が、答えの一の位になるよ。くり上がる数字1は、答えの十の位の上に小さく書いておこう。

ステップ ② どちらかの数に一の位をたす

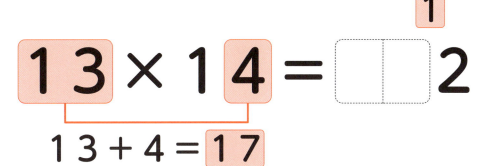

どちらかの数に、もう一方の数の一の位をたそう。13に14の一の位の4をたすと17になるね。この17が百の位と十の位になるから、ステップ①でくり上がりがない場合は、一の位2のとなりに書けば答えになるよ。

ステップ ③ くり上がりがあるときは、くり上がる数をたす

$13 \times 14 = 182$

$17 + 1$

ステップ①でくり上がりがある場合は、くり上がる数をたそう。今回は、くり上がる数は1だから、「17+1」で18になるね。これが、百の位と十の位になるから、一の位2のとなりに書けば答えになるよ。

覚えておこう

たし算のくり上がりは必ず1になるけど、かけ算の場合はそうじゃないよ。1ケタかけ算で一番大きな計算は「9×9」で81になるから、くり上がる数は1～8のどれになるかわからない。くり上がる数は、答えを書く場所の十の位の上に小さくメモしておこう。

どうしてそうなるのか

「13×14」は「(13+4)×10+3×4」になる

「13×14」は、㋐「13×10」、㋑「10×4」、㋒「3×4」の3つの部分からできているよ。まず、㋑の向きを変えて、㋐にくっつけると、(13+4)×10になるのは、わかるかな。これに、㋒「3×4」をたすと、「(13+4)×10+3×4」になるよね。

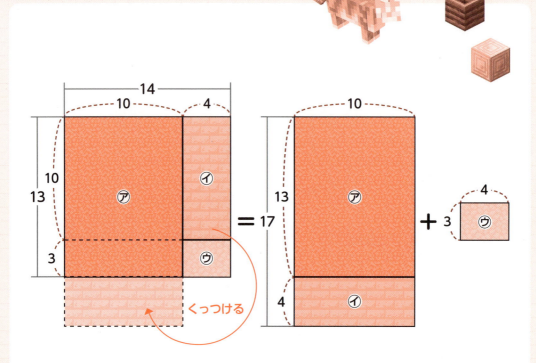

十の位の計算　一の位の計算

$$13 \times 14 = (13+4) \times 10 + 3 \times 4$$
$$= 182$$

「どちらかの数に一の位をたす」は十の位をまとめた計算なんだよ

前のページの解き方と一緒に見てみよう。ステップ①の計算は㋒の部分の計算（一の位の計算）で、ステップ②の計算は㋐と㋑をたした部分の計算（十の位の計算）だって、わかるね。

練習問題

問題①→問題⑤の順に練習問題を解いてみよう。計算方法に慣れてしまえば、頭の中でも計算できるようになるよ。

答えは92ページ

問題 ①

□にあてはまる数を入れて次の計算をしよう。
一の位にくり上がりはないよ

① □+□=□
  1 2 × 1 3 = □□
  □×□=□

② □+□=□
  1 1 × 1 2 = □□
  □×□=□

③ □+□=□
  1 4 × 1 2 = □□
  □×□=□

④ □+□=□
  1 5 × 1 1 = □□
  □×□=□

⑤ □+□=□
  1 3 × 1 3 = □□
  □×□=□

問題 ②

□にあてはまる数を入れて次の計算をしよう。
一の位にくり上がりがあるよ

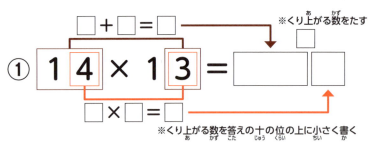
① 14 × 13 =

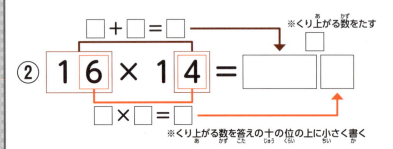
② 16 × 14 =

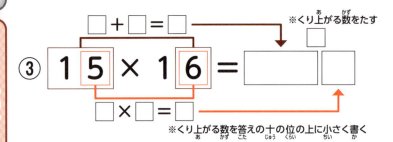
③ 15 × 16 =

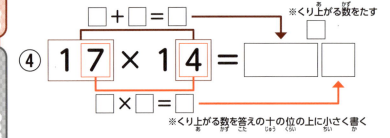
④ 17 × 14 =

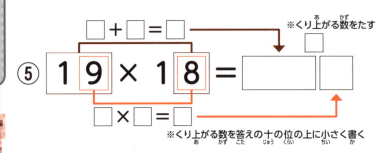
⑤ 19 × 18 =

問題 ③ □にあてはまる数を入れて次の計算をしよう。
一の位にくり上がりがあるときは、くり上がる数を書こう

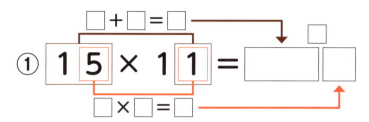

① 15 × 11 =

② 13 × 12 =

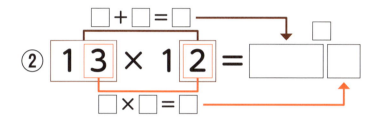

③ 16 × 13 =

④ 17 × 15 =

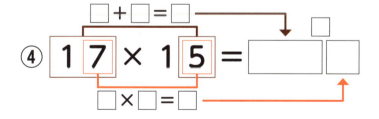

⑤ 18 × 14 =

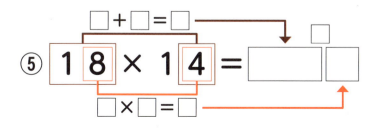

問題 ④ 次の計算をしよう

① $13 \times 12 =$ ☐

② $11 \times 17 =$ ☐

③ $11 \times 16 =$ ☐

④ $13 \times 14 =$ ☐

⑤ $15 \times 13 =$ ☐

⑥ $14 \times 16 =$ ☐

⑦ $15 \times 15 =$ ☐

⑧ $16 \times 13 =$ ☐

⑨ $14 \times 17 =$ ☐

⑩ $16 \times 14 =$ ☐

⑪ $17 \times 13 =$ ☐

⑫ $16 \times 15 =$ ☐

⑬ $15 \times 17 =$ ☐

⑭ $17 \times 19 =$ ☐

問題 ⑤ 次の計算をしよう

① 13 × 11 = ☐
② 12 × 12 = ☐
③ 14 × 11 = ☐
④ 15 × 11 = ☐
⑤ 12 × 14 = ☐
⑥ 14 × 14 = ☐
⑦ 15 × 12 = ☐
⑧ 16 × 12 = ☐
⑨ 13 × 18 = ☐
⑩ 14 × 15 = ☐

⑪ 17 × 12 = ☐
⑫ 15 × 14 = ☐
⑬ 14 × 18 = ☐
⑭ 16 × 17 = ☐
⑮ 15 × 18 = ☐
⑯ 17 × 17 = ☐
⑰ 16 × 19 = ☐
⑱ 19 × 19 = ☐

「19×19」までは これでカンペキ！

2ケタかけ算は、ぜんぶこの方法で計算できる！

魔法の計算術②

99×99までの2ケタかけ算

最初はちょっとむずかしく感じるけれども、慣れてくれば、筆算よりもかんたんにできるよ！

次の問題をやってみよう

$$52 \times 43 = ?$$

―――――――――― 解 き 方 ――――――――――

ステップ① 一の位どうしをかける

答えが1ケタの場合は0を書く

5**2** × 4**3** = □□ **06**

　　　　2×3

それぞれの一の位どうしをかけよう。
52の一の位は2、43の一の位は3だから、「2×3」で6になるね。
このとき、答えが1ケタになる場合は、前に0をつけよう。

40

ステップ② 十の位どうしをかける

$$52 \times 43 = 2006$$

答えが1ケタの場合でも0は書かない

5×4

それぞれの十の位どうしをかけよう。
52の十の位は5、43の十の位は4だから、「5×4」で20になるね。
このとき、答えが1ケタになる場合でも、前に0はつけないよ。

ステップ③ 内側の数どうしをかける

$$52 \times 43 = 2006$$

2×4

8

十の位と百の位の下に書く

答えが1ケタの場合でも0は書かない

それぞれの内側の数をかけよう。
52の内側の数は2、43の内側の数は4だから、「2×4」で8になるね。
このとき、答えが1ケタになる場合でも、前に0はつけないよ。

ステップ ④ 外側の数どうしをかける

$$52 \times 43 = 2006$$
$$8$$

$5 \times 3 \longrightarrow 15$

それぞれの外側の数をかけよう。
52の外側の数は5、43の外側の数は3だから、「5×3」で15になるね。

ステップ ⑤ 上下の数をたす

$$52 \times 43 = 2006$$
$$8$$
$$1_15$$
$$= 2236$$

位ごとに、それぞれの数をたすと、
一の位は6、十の位は3（1くり上がる）、百の位は2（くり上がりの1をたす）、
千の位は2になるから、答えは2236になるよ。

もっと学ぼう

「99×99」のかけ算を 3つのステップで計算しよう

「5つもやることがあるなら、筆算の方が速く計算できるや！」なんて思った人もきっと多いよね。でも、これはわかりやすく説明するために、5つのステップに分けただけ。本当は3つのステップで計算できるようになってもらいたいんだ。慣れてきたら、この方法で計算してみてね。

52×43＝？

解き方

ステップ 1 一の位どうしと十の位どうしをかけて並べる

5×4
52×43＝2006
2×3

ステップ 2 内側の数どうしをかけた数と
外側の数どうしをかけた数をたす

5×3＝15
52×43＝2006
2×4＝8
23
3ケタになる場合もある

ステップ 3 上下の数をたす

52×43＝2006
　　　　　　23
　　　　　2236

3ステップならかんたんだね

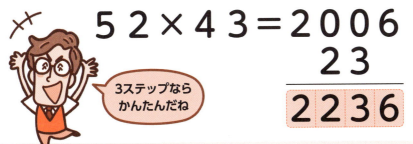

どうしてそうなるのか

「52×43」は
「5×4×100＋(8+15)×10＋2×3」になる

「52×43」は、㋐「50×40」、㋑「40×2」、㋒「50×3」㋓「2×3」の4つの部分からできているよ。㋐を「50×40」→「5×4×100」、㋑「40×2」と㋒「50×3」を「8×10＋15×10」→「(8+15)×10」と式を変えて、㋓「2×3」をたすと、「5×4×100＋(8+15)×10＋2×3」になるよね。

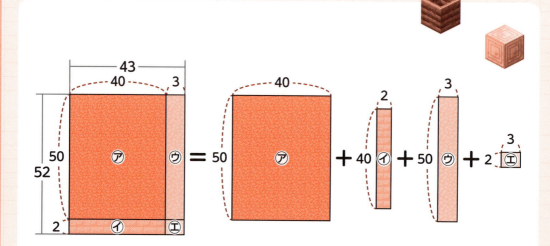

$$52×43 = 50×40 + 40×2 + 50×3 + 2×3$$
$$= 5×4×100 + 8×10 + 15×10 + 2×3$$
$$= 5×4×100 + (8+15)×10 + 2×3$$
$$= 2236$$

（百の位の計算）（十の位の計算）（一の位の計算）

位ごとに計算しているだけで、やっていることは、筆算式の計算と同じだよ

前のページの解き方と一緒に見てみよう。ステップ①の計算は㋓の部分の計算（一の位の計算）で、ステップ②の計算は㋐の部分の計算（百の位の計算）、ステップ③と④の計算は㋑と㋒をたした部分の計算（十の位の計算）だって、わかるね。

練習問題

問題①→問題⑦の順に練習問題を解いてみよう。計算方法に慣れてしまえば、頭の中でも計算できるようになるよ。

答えは92・93ページ

問題 ① □にあてはまる数を入れて次の計算をしよう

① 34 × 43 =

十の位どうしをかける ／ 一の位どうしをかける

内側どうしをかける

外側どうしをかける

上下の数をたす

=

② 16 × 11 =

十の位どうしをかける ／ 一の位どうしをかける

内側どうしをかける

外側どうしをかける

上下の数をたす

=

③ 43 × 24 =

十の位どうしをかける ／ 一の位どうしをかける

内側どうしをかける

外側どうしをかける

上下の数をたす

=

45

問題 ② □にあてはまる数を入れて次の計算をしよう

① 21×33 =

十の位どうしをかける　一の位どうしをかける

上下の数をたす 内側どうしをかける
外側どうしをかける

=

② 92×28 =

十の位どうしをかける　一の位どうしをかける

上下の数をたす 内側どうしをかける
外側どうしをかける

=

③ 47×37 =

十の位どうしをかける　一の位どうしをかける

上下の数をたす 内側どうしをかける
外側どうしをかける

=

④ 58×46 =

十の位どうしをかける　一の位どうしをかける

上下の数をたす 内側どうしをかける
外側どうしをかける

=

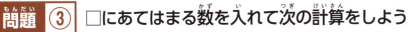

問題 ③　□にあてはまる数を入れて次の計算をしよう

① ８７×９３ =　[十の位どうしをかける] [一の位どうしをかける]

上下の数をたす　内側どうしをかける　□
外側どうしをかける　□
=　□

② ７８×９５ =　[十の位どうしをかける] [一の位どうしをかける]

上下の数をたす　内側どうしをかける　□
外側どうしをかける　□
=　□

③ ８３×８７ =　[十の位どうしをかける] [一の位どうしをかける]

上下の数をたす　内側どうしをかける　□
外側どうしをかける　□
=　□

④ ９６×８８ =　[十の位どうしをかける] [一の位どうしをかける]

上下の数をたす　内側どうしをかける　□
外側どうしをかける　□
=　□

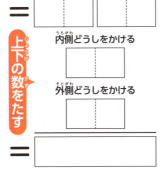

問題 ④ □にあてはまる数を入れて次の計算をしよう

① 32 × 53 =

② 41 × 65 =

③ 57 × 46 =

④ 69 × 38 =

⑤ 74 × 59 =

問題 ⑤ □にあてはまる数を入れて次の計算をしよう

① 85 × 88 = ☐☐ | ☐☐
　　　　　　 ☐☐☐☐
　　　　　 = ☐☐☐☐

② 78 × 82 = ☐☐ | ☐☐
　　　　　　 ☐☐☐
　　　　　 = ☐☐☐☐

③ 84 × 89 = ☐☐ | ☐☐
　　　　　　 ☐☐☐☐
　　　　　 = ☐☐☐☐

④ 91 × 88 = ☐☐ | ☐☐
　　　　　　 ☐☐☐
　　　　　 = ☐☐☐☐

⑤ 96 × 97 = ☐☐ | ☐☐
　　　　　　 ☐☐☐☐
　　　　　 = ☐☐☐☐

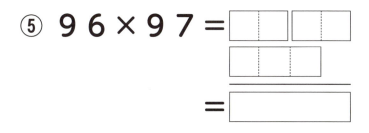

問題 ⑥ 次の計算をしよう

① 34 × 23 =

② 28 × 42 =

③ 60 × 21 =

④ 28 × 50 =

⑤ 32 × 46 =

⑥ 53 × 30 =

⑦ 37 × 57 =

⑧ 65 × 44 =

⑨ 77 × 56 =

⑩ 64 × 68 =

問題 ⑦ 次の計算をしよう

① 82×91 =

② 87×88 =

③ 78×92 =

④ 89×91 =

⑤ 74×87 =

⑥ 90×92 =

⑦ 82×92 =

⑧ 94×93 =

⑨ 96×75 =

⑩ 98×97 =

基本はこれで卒業！

マイクラを攻略

かまどの燃料で一番効率がいいものはどれ?

かまどで使える燃料には、石炭や木炭などがあるが、もっと効率のいい燃料がいくつか存在するぞ。以下の表でまとめているように、溶岩入りバケツや石炭ブロック、乾燥した昆布ブロック、ブレイズロッドなどがそうだ。ゲーム中盤以降は積極的に燃料として使っていこう。

マイクラで効率のいい燃料ベスト5はこれだ!

順位	燃料	燃料1個で焼けるアイテム数	燃料1スタックで焼けるアイテム数	アイテム64個を焼くのに必要な燃料数	備考
1	溶岩入りバケツ	100	100	0.64	効率ナンバーワンだが、スタックできないので1個ずつしか使えず、使い終わると空のバケツが残る。自動かまど系には不向き
2	石炭ブロック	80	5120	0.8	石炭が大量に余っているならもっとも使える
3	乾燥した昆布ブロック	20	1280	3.2	大量生産しやすく、自動かまど系にも最適
4	ブレイズロッド	12	768	5.3	ブレイズトラップがあれば優秀な燃料に
5	石炭	8	512	8	入手がかんたんなのでゲーム序盤から終盤までお世話になる燃料。石炭と木炭の効率は同じなので、どちらを使ってもいい
5	木炭	8	512	8	

マイクラの世界で計算してみよう!

キミはブレイズロッドを28個もっている。このブレイズロッドをかまどの燃料として使うとき、アイテムをいくつ焼けるだろうか。なお、ブレイズロッド1個で焼けるアイテム数は12個となるぞ。

28個のブレイズロッド

[ブレイズロッドの数] [ブレイズロッド1個で焼けるアイテム数]

$$28 \times 12 = \boxed{}$$

$$= \boxed{}$$

かけ算もマイクラで役に立つぞ!

※答えは本ページ左下にあるよ

第四章
応用のかけ算

ここで紹介する計算術は、魔法のようなものばかり。
計算式を見て「これなら使える！」と思ったら、
どんどん使って、みんなをあっと言わせちゃおう。
どうしてその計算術が正しいのかも言えたら、
きっとクラスの人気者になれるはずだよ！

第一章 基本のたし算
第二章 基本のひき算
第三章 基本のかけ算
第四章 応用のかけ算

数を分けて計算しよう

魔法の計算術 ① 一の位が小さいときの2ケタかけ算

2つの数の中に、一の位が小さい数があるときは、その数をキリのいい数（十の位）と一の位に分けて計算しよう！

次の問題をやってみよう

$$23 \times 12 = ?$$

解き方

ステップ ① どちらかの数をキリのいい数と一の位の数に分ける

12を10と2に分ける

$$23 \times \boxed{12} = \boxed{}\boxed{}$$

↓

10 + 2

12を**キリのいい数10と一の位の数2に分けよう**。

覚えておこう 一の位が小さい数であれば、どっちの数をキリのいい数にしてもOK。23を「20+3」にしてもいいんだよ。

ステップ ②　キリのいい数をかける

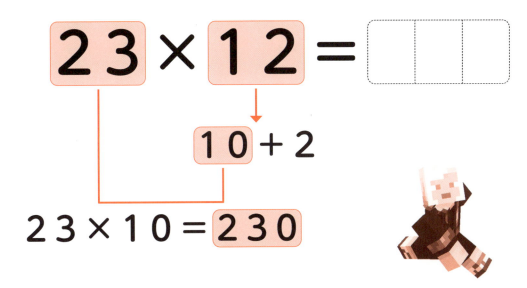

23にキリのいい数10をかけると230になるね。

ステップ ③　一の位の数をかける

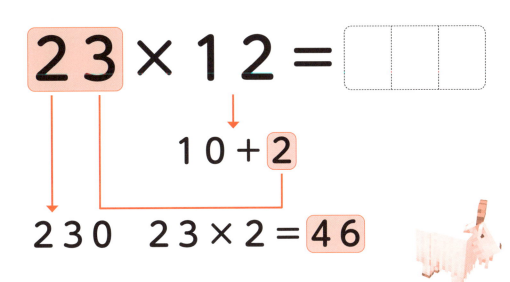

23に一の位の数2をかけると46になるね。

ステップ ④ ステップ②とステップ③の数をたす

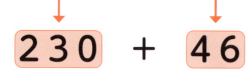

$23 \times 12 = 276$

230 + 46

230に46をたして、答えは276。
キリのいい数にして計算すると、かんたんだね。

💡 どうしてそうなるのか

「23×12」は「23×10＋23×2」になる

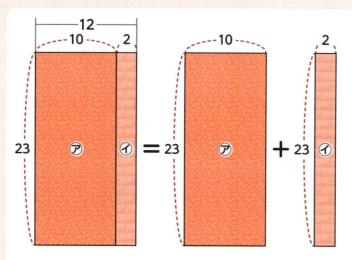

「23×12」は、㋐「23×10」、㋑「23×2」の2つの部分に分けることができるから、「23×10＋23×2」になるね。

計算がしやすいように、キリのいい数の計算と残りの数の計算に分けているんだね

十の位の計算　十の位と一の位の計算

$23 \times 12 = 23 \times 10 + 23 \times 2$
$= 276$

前のページの解き方と一緒に見てみよう。ステップ②の計算は㋐の部分の計算（十の位の計算）で、ステップ③の計算は2ケタの数と1ケタの数をかけている㋑の部分の計算（十の位と一の位の計算）だって、わかるかな。

問題①→問題②の順に練習問題を解いてみよう。
2つの数をたすとき、くり上がりがある場合はちょっと大変だけど、くり上がりがない場合は暗算でできそうだね。

答えは93ページ

問題① □にあてはまる数を入れて次の計算をしよう

① 35×11 =
35×□+35×□

② 32×12 =
32×□+32×□

③ 24×13 =
24×□+24×□

④ 43×12 =
43×□+43×□

⑤ 57×23 =
57×□+57×□

⑥ 89×32 =
89×□+89×□

問題② 次の計算をしよう

① 42×11 =

② 74×12 =

③ 22×13 =

④ 61×12 =

⑤ 26×23 =

⑥ 54×31 =

⑦ 25×32 =

⑧ 92×32 =

11をかけるときの2ケタかけ算

一の位が小さい数をかけるときの2ケタかけ算 スゴ技

十の位と一の位をたして、百の位と一の位に分ける

11をかけるときは、十の位と一の位の数をたして書くだけで、答えが出ちゃうんだよ！

次の問題をやってみよう

$$36 \times 11 = ?$$

― 解 き 方 ―

ステップ ① 十の位と一の位をたす

たして2ケタになる場合は、くり上がりの1を書く

3と6をたす

$$3\;6 \times 1\;1 = \boxed{}\;9\;\boxed{}$$

3 + 6

9を十の位に書く

11ではない数36の十の位の数と一の位の数をたすと9になるね。これを十の位に書こう。

覚えておこう 十の位と一の位をたした数が2ケタになる場合は、答えの百の位の上にくり上がりの数1を書いて、忘れずに百の位の数にたそう。

第一章 基本のたし算
第二章 基本のひき算
第三章 基本のかけ算
第四章 応用のかけ算

ステップ ② 百の位と一の位に分ける

3を百の位に書く

くり上がりがある場合は1をたす

36 × 11 = 396

6を一の位に書く

十の位の数3を百の位に、一の位の数6を一の位に書いて、答えは396になるよ。

💡 どうしてそうなるのか

どうして答えは、百の位が「十の位の数」、十の位が「十の位と一の位をたした数」、一の位が「一の位の数」になるのか

ここで紹介したスゴ技のカラクリは、筆算式を思い浮かべるとよくわかるよ。11をかける場合、絶対に百の位は「十の位の数」、十の位は「十の位と一の位をたした数」、一の位は「一の位の数」になるんだよ。だから、十の位と一の位をたして、百の位と一の位に分けるだけで、答えが出るんだよ。

1をかける計算だからできるんだよ

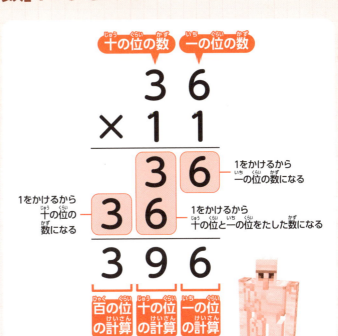

キリのいい数にして計算しよう

魔法の計算術② 一の位が大きいときの2ケタかけ算

2つの数の中に、一の位が大きい数があるときは、一の位が0になるキリのいい数にしてから計算しよう！

次の問題をやってみよう

$$28 × 19 = ?$$

―― 解き方 ――

ステップ① どちらかの数をキリのいい数にする

19をキリのいい数20にする

$$28 × \boxed{19} = \boxed{}$$

↓
20 − 1

19をキリのいい数にすると「20−1」になるね。

覚えておこう 一の位が大きい数であれば、どっちの数をキリのいい数にしてもOK。28を「30−2」にしてもいいんだよ。

第一章 基本のたし算
第二章 基本のひき算
第三章 基本のかけ算
第四章 応用のかけ算

60

ステップ ② キリのいい数をかける

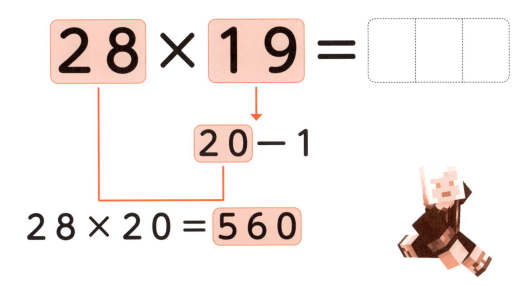

28にキリのいい数20をかけると560になるね。

ステップ ③ ひいた数をかける

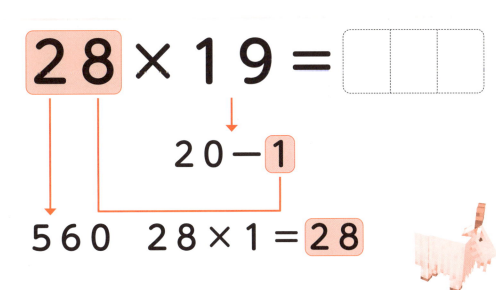

28にひいた数1をかけると28になるね。

ステップ ④ ステップ②の数からステップ③の数をひく

560から28をひいて、答えは532。
キリのいい数にして計算すると、かんたんだね。

💡 どうしてそうなるのか

「28×19」は「28×20－28×1」になる

㋐「28×19」に㋑「28×1」をたした「28×20」から、また㋑「28×1」をひくと㋐「28×19」になるね。

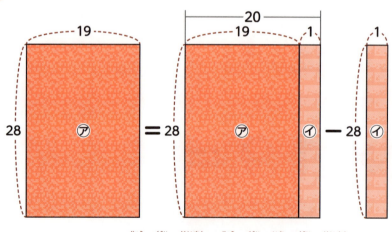

$$28 \times 19 = 28 \times 20 - 28 \times 1$$
$$= 532$$

これも計算がしやすいように、キリのいい数の計算と残りの数の計算に分けているんだね

前のページの解き方と一緒に見てみよう。ステップ②の計算は㋐と㋑をたした部分の計算（十の位の計算）で、ステップ③の計算は2ケタの数と1ケタの数をかけている㋑の部分の計算（十の位と一の位の計算）だって、わかるかな。

練習問題

問題①→問題②の順に練習問題を解いてみよう。2つの数をひくとき、くり下がりがある場合は大変だけど、筆算で計算するよりはずっとかんたんだよ。

答えは93ページ

問題① □にあてはまる数を入れて次の計算をしよう

① 22×19＝
　22×□－22×□

② 33×18＝
　33×□－33×□

③ 54×28＝
　54×□－54×□

④ 31×27＝
　31×□－31×□

⑤ 66×49＝
　66×□－66×□

⑥ 42×39＝
　42×□－42×□

問題② 次の計算をしよう

① 12×29＝

② 21×39＝

③ 32×47＝

④ 23×59＝

⑤ 95×19＝

⑥ 34×27＝

⑦ 51×69＝

⑧ 82×48＝

63

一の位が0になるキリのいい数にして計算しよう

魔法の計算術③ 偶数と一の位が5の数をかけるときの2ケタかけ算

偶数と一の位が5の数をかけるときは、一の位が0になるキリのいい数にしてから、計算しよう！

次の問題をやってみよう

$$16 \times 45 = ?$$

解き方

ステップ① 偶数を「□×2」にする

16を2でわる

$$16 \times 45 = \boxed{}$$

↓

8×2

16を2でわると8になるから「8×2」になるね。

覚えておこう 2でわりきれる整数と0を偶数、わりきれない整数を奇数というんだよ。

第一章 基本のたし算
第二章 基本のひき算
第三章 基本のかけ算
第四章 応用のかけ算

ステップ ② 2と一の位が5の数をかける

16 × 45 = ☐☐☐

8 × 2

2 × 45 = 90

2に45をかけるとキリのいい数90になるね。

ステップ ③ ☐とステップ②の数をかける

16 × 45 = 720

8 × 2

2 × 45 = 90

8 × 90

ステップ①で出た8とステップ②の90をかけて、答えは720になるよ。

 もっと学ぼう

偶数と一の位が5の数のかけ算をもっと速く計算しよう

2をかけて一の位が0のキリのいい数になっても、もう一方の数が2ケタのままだと、ちょっと計算がめんどくさいよね。そんなときは、1ケタの数になるまで「□×2」にしていくと、計算がしやすくなる場合もあるよ。

$$36 \times 15 = ?$$

解き方

ステップ 1 36を「18×2」にする

$$= \underbrace{18 \times 2}_{36} \times 15$$

(2ケタ)

$$= 18 \times \underbrace{30}_{2 \times 15}$$

2ケタ×1ケタ(一の位が0の2ケタ)の計算になるから暗算ではむずかしいね

ステップ 2 18を「9×2」にする

$$= \underbrace{9 \times 2}_{18} \times 30$$

(1ケタ)

$$= 9 \times \underbrace{60}_{2 \times 30}$$

1ケタ×1ケタ(一の位が0の2ケタ)の計算になるから暗算できるね

$$= 540$$

なるべく1ケタ×1ケタの計算にしよう

2ケタ×1ケタの計算が暗算でできる人は、何度も「□×2」の形にする必要はないけど、慣れないうちは、こうして1ケタ×1ケタの計算にした方がかんたんだよ。

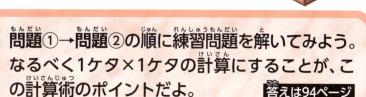

問題① □にあてはまる数を入れて次の計算をしよう

① 14×45＝ □
　□×2×45

② 16×25＝ □
　□×2×25

③ 18×35＝ □
　□×2×35

④ 22×15＝ □
　□×2×15

⑤ 24×35＝ □
　□×2×35

⑥ 26×25＝ □
　□×2×25

問題② 次の計算をしよう

① 12×35＝ □

② 14×25＝ □

③ 16×45＝ □

④ 22×35＝ □

⑤ 22×45＝ □

⑥ 24×25＝ □

⑦ 36×25＝ □

⑧ 34×45＝ □

偶数と一の位が5のときの2ケタかけ算 スゴ技

一の位と十の位が0になるキリのいい数にして計算しよう

4の倍数と25をかけるときの2ケタかけ算

25をかけるときは、下2ケタが00になる数を作ると、かんたんに計算できるよ！

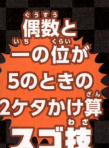

次の問題をやってみよう

$$28 \times 25 = ?$$

―――― 解き方 ――――

ステップ① 4の倍数を「□×4」にする

28を4でわる

$$\boxed{28} \times 25 = \boxed{}$$

↓

7×4

28を4でわると7になるから「7×4」になるね。

68

ステップ ② □に100をかける

$$28 \times 25 = \boxed{700}$$

↓

$\boxed{7} \times 4$

7×100

「4×25」は100になるから、7に100をかけて、答えは700になるよ。

🎓 もっと学ぼう

4の倍数と75をかけるときも、かんたんに計算できる

4の倍数と25をかけると、「□×100」になるかんたんな計算にできることはわかったよね。同じように、2ケタの数だと75も25の倍数になるから、4の倍数と75をかけるときもかんたんに計算できるよ。

28を「□×4」にする　　75を「□×25」にする

$$28 \times 75 = 7 \times 4 \times 3 \times 25$$
$$= 7 \times 3 \times 4 \times 25$$
$$= 7 \times 3 \times 100$$
$$= 2100$$

できるだけ0が多いキリのいい数にすると計算がラクになるよ

69

百の位と一の位に分けて計算しよう

魔法の計算術 ④

十の位が「奇数と奇数」または「偶数と偶数」で一の位が5のときの2ケタかけ算

2つの数の一の位が5のときは、十の位の数だけを使って計算しよう！

次の問題をやってみよう

$$55 × 35 = ?$$

― 解き方 ―

ステップ ① 十の位どうしをかける

$$\boxed{5}5 × \boxed{3}5 = \boxed{}\boxed{}\boxed{}$$

$$5 × 3 = \boxed{15}$$

それぞれの十の位どうしをかけよう。
55の十の位は5、35の十の位は3だから、「5×3」で15になるね。

ステップ ② 十の位どうしをたして2でわる

$(5+3) \div 2 = 4$

55 × 35 =

15

55の十の位の数5と35の十の位の数3をたして2でわると4になるね。

ステップ ③ ステップ①とステップ②をたして25を書く

4

55 × 35 = 1925

15　　15+4

15に4をたす　25を書く

一の位が5の場合、「5×5」で必ず25になる

ステップ①で出た15とステップ②で出た4をたして上2ケタ（百の位と千の位）に、25を下2ケタ（十の位と一の位）に書いて、答えは1925になるよ。

覚えておこう　2つの数の十の位が「奇数と偶数」のときは、ステップ②の数が「□.5」になるよ。その場合は、ステップ③でステップ①の数と□をたして、下2ケタには75と書こう。

💡 どうしてそうなるのか

「55×35」は「(15+4)×100+5×5」になる

「55×35」は、㋐「50×30」、㋑「30×5」、㋒「50×5」㋓「5×5」の4つの部分からできているよ。㋑と㋒をくっつけて㋐とまとめ、㋓をたすと「(15+4)×100+5×5」になるよ。

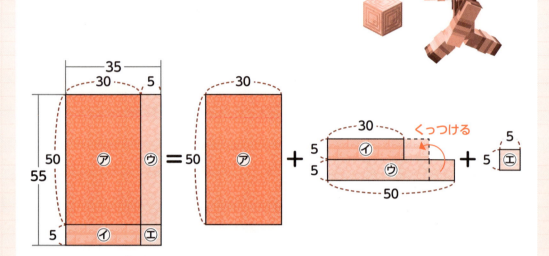

$$55 \times 35 = \underbrace{50 \times 30}_{\text{百の位の計算}} + \underbrace{(50+30) \div 2 \times 10}_{\text{十の位の計算}} + \underbrace{5 \times 5}_{\text{一の位の計算}}$$

$$= \underbrace{5 \times 3 \times 100 + (5+3) \div 2 \times 100}_{\text{百の位の計算}} + 5 \times 5$$

$$= 15 \times 100 + 4 \times 100 + 5 \times 5$$

$$= (15+4) \times 100 \quad\quad + 5 \times 5$$

$$= 1925$$

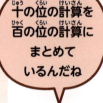

十の位の計算を百の位の計算にまとめているんだね

前のページの解き方と一緒に見てみよう。ステップ①の計算は㋐の部分の計算（百の位の計算）で、ステップ②の計算は㋑と㋒の部分の計算（十の位の計算）、ステップ③の「25を書く（下2ケタ）」は㋓の部分（一の位の計算）だって、わかるね。

 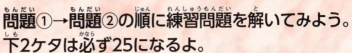

問題①→問題②の順に練習問題を解いてみよう。
下2ケタは必ず25になるよ。

答えは94ページ

問題①
□にあてはまる数を入れて次の計算をしよう

① 15×35 = □□ (B上, A下, ↑A+B)

② 25×65 = □□

③ 35×55 = □□

④ 45×85 = □□

⑤ 35×95 = □□

問題② 次の計算をしよう

① 25×45＝

② 15×95＝

③ 35×75＝

④ 45×65＝

⑤ 25×85＝

⑥ 55×95＝

⑦ 65×85＝

⑧ 75×95＝

73

百の位と一の位に分けて計算しよう

魔法の計算術 ⑤ 十の位が同じで一の位がたして10になるときの2ケタかけ算

かけて並べるだけで答えが出せるよ！

次の問題をやってみよう

$$63 \times 67 = ?$$

──── 解き方 ────

ステップ ① 一の位どうしをかける

答えが1ケタの場合は0を書く

$$6\boxed{3} \times 6\boxed{7} = \square\square\boxed{21}$$

3 × 7

それぞれの一の位どうしをかけよう。
63の一の位は3、67の一の位は7だから、「3×7」で21になるね。
このとき、答えが1ケタになる場合は、前に0をつけよう。

第一章 基本のたし算
第二章 基本のひき算
第三章 基本のかけ算
第四章 応用のかけ算

ステップ ② 十の位と「十の位＋1」をかける

6̲3 × 6̲7 = 4̲2̲21

6×(6＋1)

十の位と「十の位＋1」をかけよう。
2つの数の十の位は6だから、「6×(6＋1)」で42になるね。
これを21に並べて、答えは4221になるよ。

びっくりするほど
かんたんでしょ？

どうしてそうなるのか

「63×67」は「6×(6+1)×100+3×7」になる

「63×67」は、㋐「60×67」、㋑「60×3」、㋒「3×7」の3つの部分からできているよ。まず、㋑の向きを変えて、㋐にくっつけると、60×(67+3)になるのは、わかるかな。これに、㋒「3×7」をたすと、「6×(6+1)×100+3×7」になるよね。

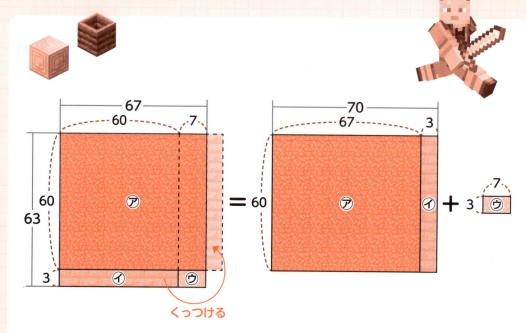

くっつける

$$63 \times 67 = \underbrace{60 \times (67+3)}_{\text{百の位の計算}} + \underbrace{3 \times 7}_{\text{一の位の計算}}$$
$$= 60 \times 70 + 3 \times 7$$
$$= 6 \times 7 \times 100 + 3 \times 7$$
$$= 6 \times (6+1) \times 100 + 3 \times 7$$
$$= 4221$$

百の位の計算と一の位の計算だから数字を並べるだけで答えが出るんだよ

前のページの解き方と一緒に見てみよう。ステップ①の計算は㋒の部分の計算（一の位の計算）で、ステップ②の計算は㋐と㋑の部分の計算（百の位の計算）だって、わかるね。

問題①→問題②の順に練習問題を解いてみよう。
下2ケタの計算が1ケタになる場合は、前に0を入れることを忘れずにね。
答えは94ページ

問題 ① □にあてはまる数を入れて次の計算をしよう

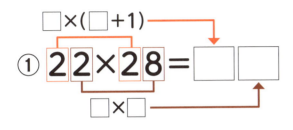

① 22×28=□□

② 34×36=□□

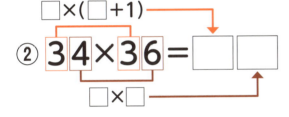

③ 41×49=□□

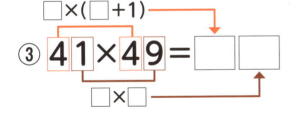

④ 53×57=□□

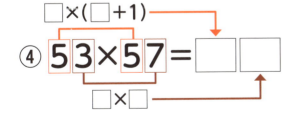

⑤ 64×66=□□

問題 ② 次の計算をしよう

① 26×24=□

② 33×37=□

③ 48×42=□

④ 51×59=□

⑤ 62×68=□

⑥ 77×73=□

⑦ 84×86=□

⑧ 91×99=□

77

百の位と一の位に分けて計算しよう

魔法の計算術 ⑥

一の位が同じで十の位がたして10になるときの2ケタかけ算

かけてたして並べると答えが出せるよ！

第一章 基本のたし算
第二章 基本のひき算
第三章 基本のかけ算
第四章 応用のかけ算

次の問題をやってみよう

$$74 × 34 = ?$$

解き方

ステップ① 一の位どうしをかける

答えが1ケタの場合は0を書く

$$74 × 34 = \boxed{}\boxed{16}$$

4 × 4

2つの数の一の位は4だから、「4×4」で16になるね。
このとき、答えが1ケタになる場合は、前に0をつけよう。

ステップ② 十の位どうしをかけて一の位をたす

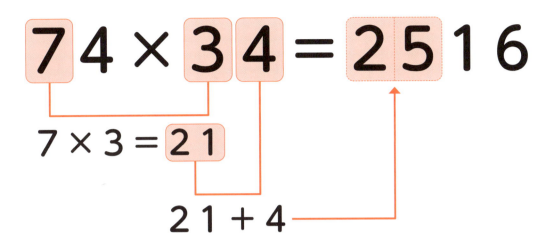

それぞれの十の位どうしをかけよう。
74の十の位は7、34の十の位は3だから、「7×3」で21になるね。
これに、一の位の数4をたすと25になるね。
これを16に並べて、答えは2516になるよ。

これもびっくりするほどかんたんでしょ？

どうしてそうなるのか

「74×34」は「(7×3+4)×100+4×4」になる

「74×34」は、㋐「70×30」、㋑「30×4」、㋒「70×4」、㋓「4×4」の4つの部分からできているよ。㋑と㋒をくっつけて、㋐とまとめると「(7×3+4)×100」になるね。これに、㋓をたすと、「(7×3+4)×100+4×4」になるよね。

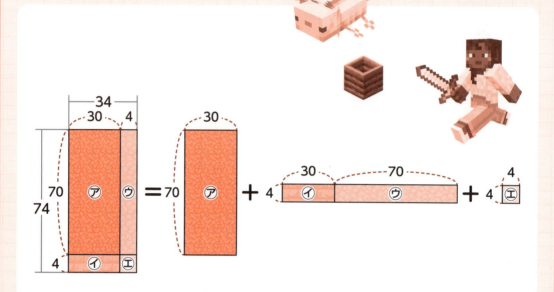

$$74×34 = \underbrace{70×30}_{\text{百の位の計算}} + \underbrace{4×(30+70)}_{\text{十の位の計算}} + \underbrace{4×4}_{\text{一の位の計算}}$$

$$= \underbrace{7×3×100 + 4×100}_{\text{百の位の計算}} + 4×4$$

$$= (7×3+4)×100 \quad +4×4$$

$$= 2516$$

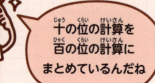

十の位の計算を百の位の計算にまとめているんだね

前のページの解き方と一緒に見てみよう。ステップ①の計算は㋓の部分の計算(一の位の計算)で、ステップ②の計算は㋐と㋑と㋒の部分の計算(百の位の計算)だって、わかるね。

練習問題

問題①→問題②の順に練習問題を解いてみよう。
下2ケタの計算が1ケタになる場合は、前に0を入れることを忘れずにね。

答えは95ページ

問題① □にあてはまる数を入れて次の計算をしよう

① 47×67＝□□

② 38×78＝□□

③ 29×89＝□□

④ 16×96＝□□

⑤ 25×85＝□□

問題② 次の計算をしよう

① 64×44＝

② 58×58＝

③ 37×77＝

④ 49×69＝

⑤ 26×86＝

⑥ 35×75＝

⑦ 13×93＝

⑧ 28×88＝

81

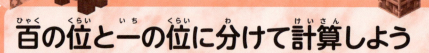

百の位と一の位に分けて計算しよう

魔法の計算術 ⑦

2つの数のまん中の数がキリのいい数になるときの2ケタかけ算

2つの数のまん中の数が、一の位が0になるキリのいい数のときに使ってみよう！

次の問題をやってみよう

$$82 \times 78 = ?$$

― 解き方 ―

ステップ① まん中の数をもとめる

$82 \times 78 = \boxed{}$

$(82+78) \div 2 = 80$

2つの数82と78をたして、2でわると、まん中の数80になるよ。

覚えておこう まん中の数は、一の位が0の数でないと計算はかんたんにならないよ。2つの数をパッと見て、まん中の数が一の位が0になるとわかったときに、この計算術を使ってみてね。

ステップ ② まん中の数との差をもとめる

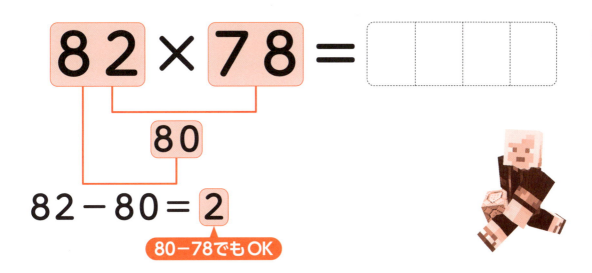

82もしくは78と、まん中の数80との差をもとめよう。
82から80をひいても、80から78をひいても、どちらでもいいよ。
答えは2になるね。

ステップ ③ 「まん中の数×まん中の数」から「差×差」をひく

82 × 78 = 6396

80 × 80 − 2 × 2

まん中の数80×80から、差の数2×2をひいて、答えは6396になるよ。

どうしてそうなるのか

「82×78」は「80×80−2×2」になる

「82×78」は、㋐「80×78」、㋑「78×2」の2つの部分からできているよ。㋑の向きを変えて、㋐にくっつけて㋒「2×2」をたすと、2つの数のまん中の数「80×80」になるね。ここから㋒をひくと、「80×80−2×2」になるよ。

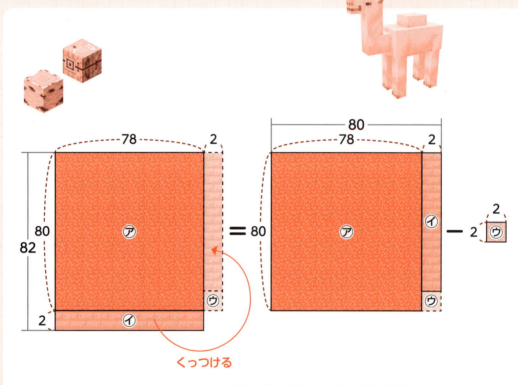

くっつける

百の位の計算　一の位の計算

$$82 \times 78 = 80 \times 80 - 2 \times 2$$
$$= 6396$$

この計算術は下2ケタが0になる数にしてひき算をするのがポイントだよ！

前のページの解き方と一緒に見てみよう。ステップ③の計算は㋐と㋑と㋒の部分（百の位の計算）から㋒の部分（一の位の計算）をひいた計算だって、わかるね。

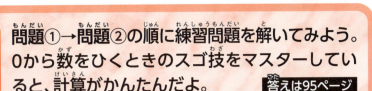

練習問題

問題①→問題②の順に練習問題を解いてみよう。0から数をひくときのスゴ技をマスターしていると、計算がかんたんだよ。

答えは95ページ

問題① □にあてはまる数を入れて次の計算をしよう

① 21×19＝□
　□×□−□×□

② 34×26＝□
　□×□−□×□

③ 48×52＝□
　□×□−□×□

④ 55×45＝□
　□×□−□×□

⑤ 91×89＝□
　□×□−□×□

⑥ 77×83＝□
　□×□−□×□

問題② 次の計算をしよう

① 17×23＝□

② 29×31＝□

③ 38×42＝□

④ 44×36＝□

⑤ 57×43＝□

⑥ 64×56＝□

⑦ 72×68＝□

⑧ 87×93＝□

85

百の位と一の位に分けて計算しよう

魔法の計算術 ⑧ 2つの数が100に近いときの2ケタかけ算

100に近い2つの数をかけるときは、一の位と十の位が0になるキリのいい数にして計算しよう！

次の問題をやってみよう

$$98 × 97 = ?$$

―― 解 き 方 ――

ステップ ① たして100になる数をもとめる

$$\boxed{98} × \boxed{97} = \square\square\square$$

$100 - 98 = \boxed{2}$ $100 - 97 = \boxed{3}$

100からそれぞれの数をひいて、たして100になる数をもとめよう。98は「100－98」で2、97は「100－97」で3になるね。

ステップ ② ステップ①の数をかける

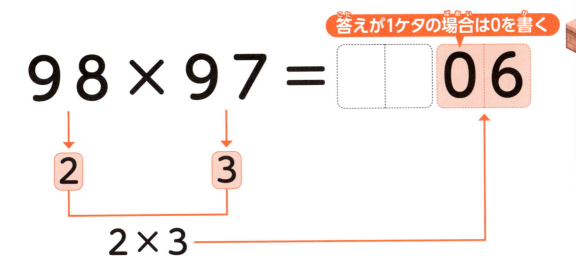

98のたして100になる数2と97のたして100になる数3をかけると、6になるね。このとき、答えが1ケタになる場合は、前に0をつけよう。

ステップ ③ ステップ①の数をたして100からひく

98 × 97 = 9506

↓   ↓
2   3

100 − （2+3）

98のたして100になる数2と97のたして100になる数3をたして、100からひくと95になるね。これを6(06)に並べて、答えは9506になるよ。

どうしてそうなるのか

「98×97」は「{100−(2+3)}×100+2×3」になる

㋐「98×97」は、「100×100」から、㋑「97×2」と㋒「3×2」をまとめた「100×2」、㋒「98×3」と㋓「2×3」をまとめた「100×3」をひき、ひき過ぎた㋓「2×3」をたすと、「{100−(2+3)}×100+2×3」になるよ。

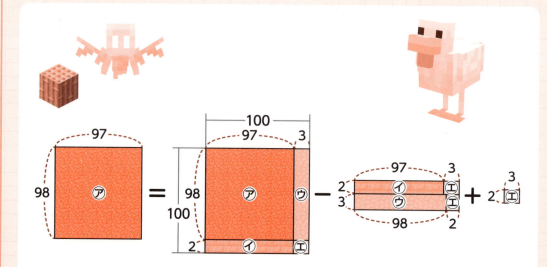

$$98×97 = 100×100 − (2×100 + 3×100) + 2×3$$

（百の位の計算）（十の位の計算）（一の位の計算）

$$= \{100−(2+3)\}×100 + 2×3$$

（百の位の計算）

$$= 9506$$

キリのいい数100にして計算をするから答えがかんたんに出るんだね

前のページの解き方と一緒に見てみよう。ステップ②の計算は㋓の部分の計算（一の位の計算）、ステップ③の計算は㋐と㋑と㋒と㋓の部分の計算（百の位の計算）だって、わかるね。

練習問題

問題①→問題②の順に練習問題を解いてみよう。
下2ケタの計算が1ケタになる場合は、前に0を入れることを忘れずにね。

答えは95ページ

問題① □にあてはまる数を入れて次の計算をしよう

① 100−(□+□)
  99×97 = □ □
  □×□

② 100−(□+□)
  98×95 = □ □
  □×□

③ 100−(□+□)
  96×94 = □ □
  □×□

④ 100−(□+□)
  95×93 = □ □
  □×□

⑤ 100−(□+□)
  99×92 = □ □
  □×□

問題② 次の計算をしよう

① 97×97 =

② 94×98 =

③ 93×99 =

④ 94×94 =

⑤ 92×96 =

⑥ 91×98 =

⑦ 99×95 =

⑧ 99×99 =

答え

第一章 基本のたし算

魔法の計算術① 2ケタのたし算 練習問題

問題①（12ページ）

① 18 + 37 = 55
 18+[2] 37−[2]
 [20] + [35]

③ 38 + 62 = 100
 38+[2] 62−[2]
 [40] + [60]

⑤ 36 + 17 = 53
 36+[4] 17−[4]
 [40] + [13]

⑦ 74 + 66 = 140
 74−[4] 66+[4]
 [70] + [70]

② 29 + 34 = 63
 29+[1] 34−[1]
 [30] + [33]

④ 69 + 65 = 134
 69+[1] 65−[1]
 [70] + [64]

⑥ 88 + 89 = 177
 88+[2] 89−[2]
 [90] + [87]

⑧ 95 + 88 = 183
 95+[5] 88−[5]
 [100] + [83]

問題②（13ページ）

① 67 + 28 = 95
 [70] + [25]
 または
 [65] + [30]

③ 78 + 39 = 117
 [80] + [37]
 または
 [77] + [40]

⑤ 32 + 79 = 111
 [31] + [80]

② 38 + 23 = 61
 [40] + [21]

④ 69 + 93 = 162
 [70] + [92]

⑥ 88 + 99 = 187
 [90] + [97]
 または
 [87] + [100]

問題③（13ページ）

① 87   ⑤ 143
② 162   ⑥ 123
③ 143   ⑦ 193
④ 171   ⑧ 155

魔法の計算術② 3ケタのたし算 練習問題

問題①（16ページ）

① 2 5 2 + 5 3 6 = 7 88
 [7]
 [88]

② 5 3 8 + 8 9 9 = 14 37
 [13] +1
 [137] [1]

③ 3 7 4 5 + 1 5 2 5 = 52 70
 [52]
 [70]

④ 5 6 2 3 + 2 3 8 7 = 80 10
 [79] +1
 [110] [1]

問題②（17ページ）

① 4 2 1 + 8 5 8 = 12 79

④ 8 8 8 + 7 7 7 = 16 65
 [1]

② 7 9 3 + 1 0 7 = 9 00
 [1]

⑤ 11 38 + 58 61 = 69 99

③ 3 5 4 + 8 3 2 = 11 86

⑥ 43 95 + 39 58 = 83 53
 [1]

問題③（17ページ）

① 1395   ④ 791   ⑦ 8103
② 492   ⑤ 7782   ⑧ 9601
③ 1199   ⑥ 8113

第二章 基本のひき算

魔法の計算術❶ 2ケタのひき算 練習問題

問題①（22ページ）

① 85−47＝38
85+3　47+3
88 − 50

③ 65−47＝18
65+3　47+3
68 − 50

⑤ 67−28＝39
67+2　28+2
69 − 30

⑦ 44−16＝28
44+4　16+4
48 − 20

② 62−34＝28
62+6　34+6
68 − 40

④ 82−64＝18
82+6　64+6
88 − 70

⑥ 97−18＝79
97+2　18+2
99 − 20

⑧ 91−76＝15
91+4　76+4
95 − 80

問題②（23ページ）

① 55−37＝18
58 − 40

② 77−29＝48
78 − 30

③ 98−29＝69
99 − 30

④ 87−58＝29
89 − 60

⑤ 97−68＝29
99 − 70

⑥ 33−17＝16
36 − 20

問題③（23ページ）

① 14　⑤ 29
② 24　⑥ 16
③ 67　⑦ 39
④ 18　⑧ 38

魔法の計算術❷ 3ケタのひき算 練習問題

問題①（26ページ）

① 923−837＝86
923+63　837+63
986 − 900

② 768−589＝179
768+11　589+11
779 − 600

③ 832−568＝264
832+32　568+32
864 − 600

④ 3528−2679＝849
3528+21　2679+21
3549 − 2700

問題②（27ページ）

① 717−179＝538
738 − 200

② 567−278＝289
589 − 300

③ 356−169＝187
387 − 200

④ 856−588＝268
868 − 600

⑤ 3915−1297＝2618
3918 − 1300

⑥ 8725−6286＝2439
8739 − 6300

問題③（27ページ）

① 746　③ 389　⑤ 249　⑦ 1336
② 567　④ 189　⑥ 2236　⑧ 1887

第三章 基本のかけ算

魔法の計算術❶ 19×19までの2ケタかけ算　練習問題

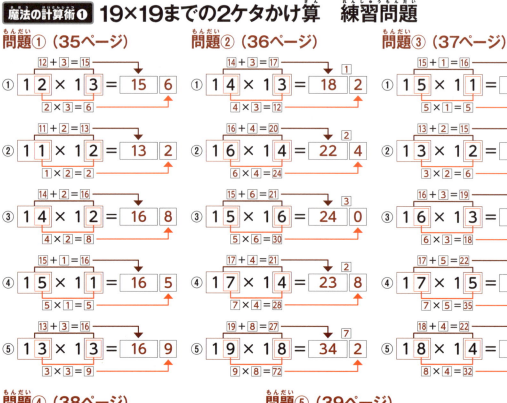

問題④（38ページ）
① 156　⑤ 195　⑨ 238　⑬ 255
② 187　⑥ 224　⑩ 224　⑭ 323
③ 176　⑦ 225　⑪ 221
④ 182　⑧ 208　⑫ 240

問題⑤（39ページ）
① 143　⑤ 168　⑨ 234　⑬ 252　⑰ 304
② 144　⑥ 196　⑩ 210　⑭ 272　⑱ 361
③ 154　⑦ 180　⑪ 204　⑮ 270
④ 165　⑧ 192　⑫ 210　⑯ 289

魔法の計算術❷ 99×99までの2ケタかけ算　練習問題

問題①（45ページ）

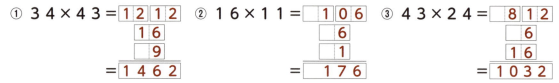

問題②（46ページ)

① 21×33 = 603
       3
       6
    = 693

② 92×28 = 1816
       4
      72
    = 2576

③ 47×37 = 1249
      21
      28
    = 1739

④ 58×46 = 2048
      32
      30
    = 2668

問題③（47ページ）

① $87 \times 93 =$ 7221
　　　　　63
　　　　　24
　　$= 8091$

② $78 \times 95 =$ 6340
　　　　　72
　　　　　35
　　$= 7410$

③ $83 \times 87 =$ 6421
　　　　　24
　　　　　56
　　$= 7221$

④ $96 \times 88 =$ 7248
　　　　　48
　　　　　72
　　$= 8448$

問題④（48ページ）

① $32 \times 53 =$ 1506
　　　　　19
　　$= 1696$

② $41 \times 65 =$ 2405
　　　　　26
　　$= 2665$

③ $57 \times 46 =$ 2042
　　　　　58
　　$= 2622$

④ $69 \times 38 =$ 1872
　　　　　75
　　$= 2622$

⑤ $74 \times 59 =$ 3536
　　　　　83
　　$= 4366$

問題⑤（49ページ）

① $85 \times 88 =$ 6440
　　　　　104
　　$= 7480$

② $78 \times 82 =$ 5616
　　　　　78
　　$= 6396$

③ $84 \times 89 =$ 6436
　　　　　104
　　$= 7476$

④ $91 \times 88 =$ 7208
　　　　　80
　　$= 8008$

⑤ $96 \times 97 =$ 8142
　　　　　117
　　$= 9312$

問題⑥（50ページ）

① 782　④ 1400　⑦ 2109　⑩ 4352
② 1176　⑤ 1472　⑧ 2860
③ 1260　⑥ 1590　⑨ 4312

問題⑦（51ページ）

① 7462　④ 8099　⑦ 7544　⑩ 9506
② 7656　⑤ 6438　⑧ 8742
③ 7176　⑥ 8280　⑨ 7200

第四章 応用のかけ算

魔法の計算術❶ 一の位が小さいときの2ケタかけ算　練習問題

問題①（57ページ）

① $35 \times 11 =$ 385
$35 \times \boxed{10} + 35 \times \boxed{1}$

② $32 \times 12 =$ 384
$32 \times \boxed{10} + 32 \times \boxed{2}$

③ $24 \times 13 =$ 312
$24 \times \boxed{10} + 24 \times \boxed{3}$

④ $43 \times 12 =$ 516
$43 \times \boxed{10} + 43 \times \boxed{2}$

⑤ $57 \times 23 =$ 1311
$57 \times \boxed{20} + 57 \times \boxed{3}$

⑥ $89 \times 32 =$ 2848
$89 \times \boxed{30} + 89 \times \boxed{2}$

問題②（57ページ）

① 462　⑤ 598
② 888　⑥ 1674
③ 286　⑦ 800
④ 732　⑧ 2944

魔法の計算術❷ 一の位が大きいときの2ケタかけ算　練習問題

問題①（63ページ）

① $22 \times 19 =$ 418
$22 \times \boxed{20} - 22 \times \boxed{1}$

② $33 \times 18 =$ 594
$33 \times \boxed{20} - 33 \times \boxed{2}$

③ $54 \times 28 =$ 1512
$54 \times \boxed{30} - 54 \times \boxed{2}$

④ $31 \times 27 =$ 837
$31 \times \boxed{30} - 31 \times \boxed{3}$

⑤ $66 \times 49 =$ 3234
$66 \times \boxed{50} - 66 \times \boxed{1}$

⑥ $42 \times 39 =$ 1638
$42 \times \boxed{40} - 42 \times \boxed{1}$

問題②（63ページ）

① 348　⑤ 1805
② 819　⑥ 918
③ 1504　⑦ 3519
④ 1357　⑧ 3936

魔法の計算術❸ 偶数と一の位が5の数をかけるときの2ケタかけ算　練習問題

問題①（67ページ）

① $14 \times 45 =$ 630
　7×2×45

② $16 \times 25 =$ 400
　8×2×25

③ $18 \times 35 =$ 630
　9×2×35

④ $22 \times 15 =$ 330
　11×2×15

⑤ $24 \times 35 =$ 840
　12×2×35

⑥ $26 \times 25 =$ 650
　13×2×25

問題②（67ページ）

① 420　② 350　③ 720　④ 770　⑤ 990　⑥ 600　⑦ 900　⑧ 1530

魔法の計算術❹ 十の位が「奇数と奇数」または「偶数と偶数」で一の位が5のときの2ケタかけ算　練習問題

問題①（73ページ）

① $15 \times 35 =$ 5 25
　Ⓑ 2　Ⓐ 3　Ⓐ+Ⓑ

② $25 \times 65 =$ 16 25
　Ⓑ 4　Ⓐ 12　Ⓐ+Ⓑ

③ $35 \times 55 =$ 19 25
　Ⓑ 4　Ⓐ 15　Ⓐ+Ⓑ

④ $45 \times 85 =$ 38 25
　Ⓑ 6　Ⓐ 32　Ⓐ+Ⓑ

⑤ $35 \times 95 =$ 33 25
　Ⓑ 6　Ⓐ 27　Ⓐ+Ⓑ

問題②（73ページ）

① 1125　② 1425　③ 2625　④ 2925　⑤ 2125　⑥ 5225　⑦ 5525　⑧ 7125

魔法の計算術❺ 十の位が同じで一の位がたして10になるときの2ケタかけ算　練習問題

問題①（77ページ）

① $22 \times 28 =$ 6 16
　2×(2+1)　2×8

② $34 \times 36 =$ 12 24
　3×(3+1)　4×6

③ $41 \times 49 =$ 20 09
　4×(4+1)　1×9

④ $53 \times 57 =$ 30 21
　5×(5+1)　3×7

⑤ $64 \times 66 =$ 42 24
　6×(6+1)　4×6

問題②（77ページ）

① 624　② 1221　③ 2016　④ 3009　⑤ 4216　⑥ 5621　⑦ 7224　⑧ 9009

魔法の計算術❻ 一の位が同じで十の位がたして10になるときの2ケタかけ算　練習問題

問題① （81ページ）

① $\boxed{4}×\boxed{6}+\boxed{7}$　$47×67=\boxed{31}\boxed{49}$　$\boxed{7}×\boxed{7}$

③ $\boxed{2}×\boxed{8}+\boxed{9}$　$29×89=\boxed{25}\boxed{81}$　$\boxed{9}×\boxed{9}$

⑤ $\boxed{2}×\boxed{8}+\boxed{5}$　$25×85=\boxed{21}\boxed{25}$　$\boxed{5}×\boxed{5}$

② $\boxed{3}×\boxed{7}+\boxed{8}$　$38×78=\boxed{29}\boxed{64}$　$\boxed{8}×\boxed{8}$

④ $\boxed{1}×\boxed{9}+\boxed{6}$　$16×96=\boxed{15}\boxed{36}$　$\boxed{6}×\boxed{6}$

問題② （81ページ）

① 2816　② 3364　③ 2849　④ 3381　⑤ 2236　⑥ 2625　⑦ 1209　⑧ 2464

魔法の計算術❼ 2つの数のまん中の数がキリのいい数になるときの2ケタかけ算　練習問題

問題① （85ページ）

① $21×19=\boxed{399}$　$\boxed{20}×\boxed{20}-\boxed{1}×\boxed{1}$

③ $48×52=\boxed{2496}$　$\boxed{50}×\boxed{50}-\boxed{2}×\boxed{2}$

⑤ $91×89=\boxed{8099}$　$\boxed{90}×\boxed{90}-\boxed{1}×\boxed{1}$

② $34×26=\boxed{884}$　$\boxed{30}×\boxed{30}-\boxed{4}×\boxed{4}$

④ $55×45=\boxed{2475}$　$\boxed{50}×\boxed{50}-\boxed{5}×\boxed{5}$

⑥ $77×83=\boxed{6391}$　$\boxed{80}×\boxed{80}-\boxed{3}×\boxed{3}$

問題② （85ページ）

① 391　② 899　③ 1596　④ 1584　⑤ 2451　⑥ 3584　⑦ 4896　⑧ 8091

魔法の計算術❽ 2つの数が100に近いときの2ケタかけ算　練習問題

問題① （89ページ）

① $100-(\boxed{1}+\boxed{3})$　$99×97=\boxed{96}\boxed{03}$　$\boxed{1}×\boxed{3}$

③ $100-(\boxed{4}+\boxed{6})$　$96×94=\boxed{90}\boxed{24}$　$\boxed{4}×\boxed{6}$

⑤ $100-(\boxed{1}+\boxed{8})$　$99×92=\boxed{91}\boxed{08}$　$\boxed{1}×\boxed{8}$

② $100-(\boxed{2}+\boxed{5})$　$98×95=\boxed{93}\boxed{10}$　$\boxed{2}×\boxed{5}$

④ $100-(\boxed{5}+\boxed{7})$　$95×93=\boxed{88}\boxed{35}$　$\boxed{5}×\boxed{7}$

問題② （89ページ）

① 9409　② 9212　③ 9207　④ 8836　⑤ 8832　⑥ 8918　⑦ 9405　⑧ 9801

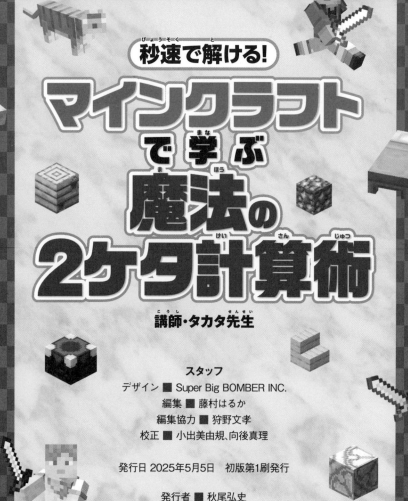

秒速で解ける！
マインクラフトで学ぶ魔法の2ケタ計算術

講師・タカタ先生

スタッフ

デザイン ■ Super Big BOMBER INC.
編集 ■ 藤村はるか
編集協力 ■ 狩野文孝
校正 ■ 小出美由規、向後真理

発行日 2025年5月5日　初版第1刷発行

発行者 ■ 秋尾弘史
発行所 ■ 株式会社扶桑社
〒105-8070
東京都港区海岸1-2-20 汐留ビルディング
TEL ■ 03-5843-8843（編集）
　　■ 03-5843-8143（メールセンター）
　　■ www.fusosha.co.jp

印刷・製本 ■ 株式会社広済堂ネクスト

定価はカバーに表示してあります。
造本には十分注意しておりますが、落丁・乱丁（本のページの抜け落ちや順序の間違い）の場合は、小社メールセンター宛にお送りください。送料は小社負担でお取り替えいたします（古書店で購入したものについては、お取り替えできません）。なお、本書のコピー、スキャン、デジタル化等の無断複製は著作権法上の例外を除き禁じられています。本書を代行業者等の第三者に依頼してスキャンやデジタル化することは、たとえ個人や家庭内での利用でも著作権法違反です。

©FUSOSHA Publishing Inc.2025 Printed in Japan
ISBN 978-4-594-10069-8